I0696708

Una brevissima introduzione al marxismo

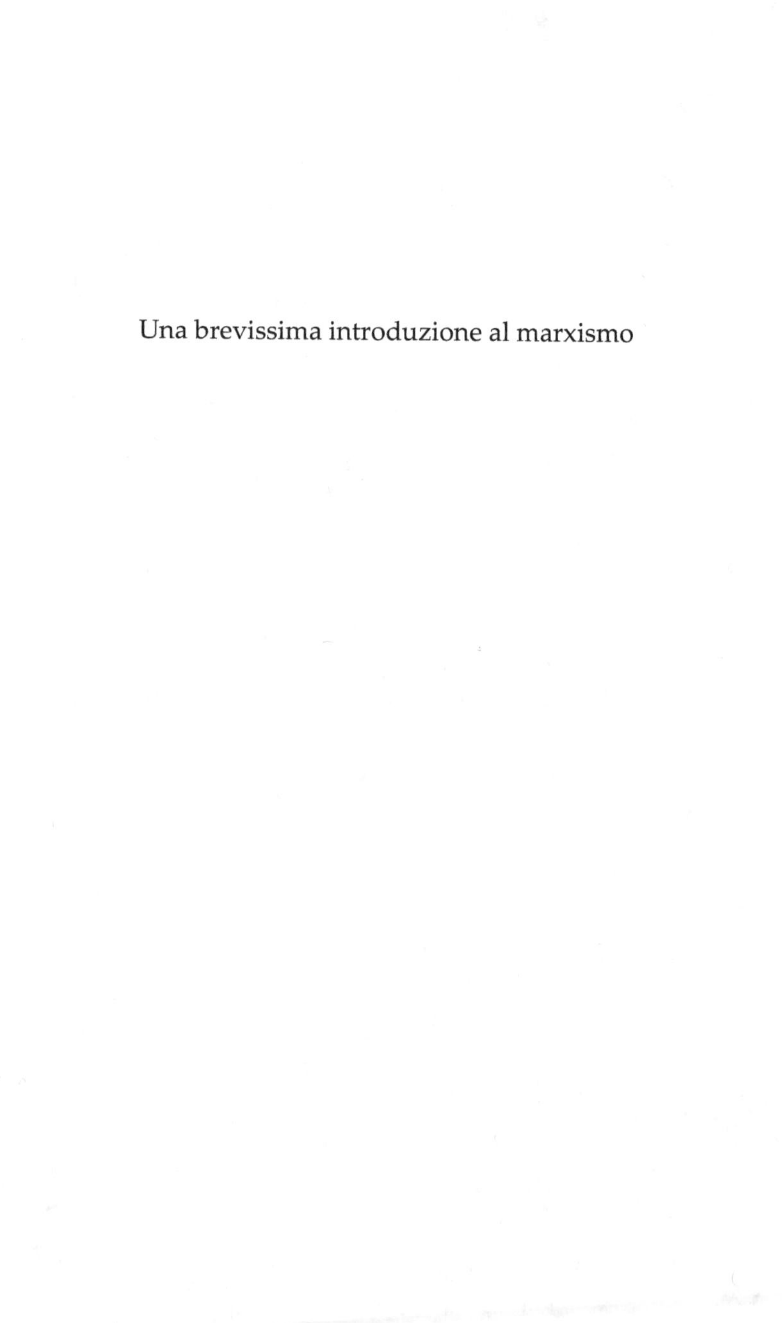

Maurizio Bisogno

Una brevissima introduzione al marxismo

Contenuto

Prefazione

Il marxismo è una teoria socio-politica complessa e sfaccettata che ha avuto un impatto significativo sul mondo. Dalle sue origini nell'Europa del XIX secolo alla sua influenza sui movimenti politici contemporanei, il marxismo è stato oggetto di molti dibattiti e discussioni. Lo scopo di questo libro è quello di fornire una panoramica introduttiva della teoria marxista e della sua applicazione pratica, e di servire come solida base per ulteriori studi.

È importante notare che la letteratura sul marxismo è vasta e diversificata, comprendendo una vasta gamma di prospettive, interpretazioni e applicazioni. Le teorie e le pratiche associate al marxismo sono state sviluppate, criticate e reinterpretate da innumerevoli studiosi, attivisti e leader politici nel corso della storia e in tutto il mondo.

Questo testo, tuttavia, offre un'introduzione concisa e accessibile ai concetti e ai dibattiti fondamentali all'interno della teoria marxista. Attraverso una serie di capitoli, esploreremo il contesto storico e l'evoluzione del marxismo, i concetti e le idee fondamentali che sono alla base della teoria marxista e l'applicazione pratica delle idee marxiste nei movimenti sociali e politici nel corso della storia.

Che tu sia uno studente di politica, storia o scienze sociali, o semplicemente interessato ad acquisire una comprensione più profonda del marxismo e della sua rilevanza per la società contemporanea, questo testo fornirà una solida base per ulteriori esplorazioni e studi.

I. Introduzione

In questa *brevissima introduzione al marxismo*, esploreremo i concetti e le idee fondamentali che hanno plasmato la teoria e la pratica marxista nel tempo. Il marxismo è una teoria socio-politica che ha avuto un impatto significativo sui movimenti sociali e sul discorso politico in tutto il mondo. Questo libro è progettato per fornire una breve ma completa introduzione alla teoria marxista, con particolare attenzione al pensiero critico e all'analisi.

Ci occuperemo dei concetti e delle idee fondamentali che costituiscono la teoria marxista. Getteremo un sguardo sul materialismo storico, che è l'idea secondo cui lo sviluppo economico e sociale sono interdipendenti e che il cambiamento sociale è guidato da fattori materiali come la lotta di classe. Esamineremo anche il materialismo dialettico, che è l'idea che il cambiamento e il progresso avvengano attraverso la risoluzione delle contraddizioni.

Un altro punto fondamentale del libro sarà un'analisi essenziale del capitalismo e delle sue contraddizioni intrinseche. Esploreremo come la teoria marxista comprende il capitalismo quale sistema di sfruttamento e come quest'ultimo è stato responsabile della creazione di significative disuguaglianze sociali ed economiche. Discuteremo anche l'idea di lotta di classe e l'importanza di capire come le diverse classi interagiscono all'interno della società.

Man mano che avanziamo nel corso, esamineremo anche diverse varianti del pensiero marxista, come il leninismo, il maoismo e il trotskismo. Tale sorvolo delle differenze tra queste scuole di pensiero, ci farà apprezzare la diversità della teoria marxista e i dibattiti in corso all'interno della sua tradizione.

Infine, esamineremo l'applicazione pratica della teoria marxista in diversi contesti storici e contemporanei, compresi i movimenti e le rivoluzioni marxiste. Esploreremo i successi e i fallimenti dei movimenti marxisti in diversi contesti e discuteremo la rilevanza della teoria marxista nel mondo di oggi.

Alla fine di questo volumetto, i lettori avranno
una buona comprensione della teoria marxista
e del suo significato nel plasmare il panorama
sociale, politico ed economico. Saranno inoltre
dotati di strumenti critici e analitici per
valutare la rilevanza della teoria marxista nella
propria vita e nel mondo che li circonda.
Speriamo che questo libro sia una preziosa
esperienza di apprendimento per tutti gli
studenti e li incoraggi a partecipare attivamente
alle discussioni ed esplorare ulteriormente le
idee presentate nel libro.

Karl Marx (1818-1886) - Biografia

Karl Marx, il cui nome è inciso negli annali della storia, fu un pensatore visionario, filosofo, economista, sociologo e teorico politico il cui profondo impatto sul mondo continua a riverberare con forza.

Nato il 5 maggio 1818 a Treviri, in Prussia (ora in Germania), e scomparso il 14 marzo 1883, a Londra, la vita di Marx e la sua prolifica produzione intellettuale ha rimodellato la nostra comprensione dell'economia, della politica e della società. Questa breve biografia cerca di introdurre la vita e il notevole corpo di lavoro di una delle figure più influenti del pensiero moderno.

Primi anni di vita e istruzione

Karl Marx nacque a Treviri in una famiglia ebrea della classe media. Suo padre, Heinrich Marx, era un avvocato, e sua madre, Henriette Marx, proveniva da una ricca famiglia olandese. Nonostante la sua origine privilegiata, la missione della vita di Marx fu quella di difendere la causa della classe operaia.

Marx intraprese il suo percorso formativo presso l'Università di Bonn, inizialmente studiando legge prima di spostare la sua attenzione sulla filosofia e la letteratura. Nel 1841, conseguì il dottorato presso l'Università di Jena con una tesi sull'antico filosofo greco Epicuro, gettando le basi per i suoi futuri sforzi in filosofia e nell'elaborazione del suo pensiero critico (dialettico).

Produzione prolifica

Il viaggio intellettuale di Karl Marx è stato segnato da un'incessante ricerca della verità e dello studio della storia, della filosofia e dell'economia, campi sui cui vertono le sue produzioni più importanti.

Prime opere filosofiche.

Nei suoi primi anni universitari, Marx fu fortemente influenzato dalla filosofia di Georg Wilhelm Friedrich Hegel. Fu autore di opere come *La differenza tra la filosofia naturale di Democrito e la filosofia naturale di Epicuro* (1841). Questa tesi di dottorato è uno studio comparativo sull'atomismo di Democrito e il casualismo di Epicuro; egli la dedicò all'amico, mentore e futuro suocero, Ludwig von Westphalen.

Sulla questione ebraica (1843), in cui Marx conclude che, anche se gli individui possono essere "spiritualmente" e "politicamente" liberi in uno stato laico, essi sono soggetti a vincoli materiali che ne limitano la libertà, condizionata dalla disuguaglianza economica; assunto che in seguito avrebbe costituito la base delle sue critiche al capitalismo.

Co-autore del *Manifesto del Partito Comunista* (1848), insieme a Friedrich Engels, Marx scrisse quest'opuscolo rivoluzionario che invitava il proletariato a sollevarsi contro la borghesia. Il *Manifesto* esponeva i principi marxisti fondamentali, tra cui il materialismo storico, la lotta di classe e l'inevitabilità di una rivoluzione proletaria. Qui troviamo l'idea centrale del materialismo storico secondo cui, come affermato nelle parole iniziali del testo, "la storia di tutta la società finora esistente è la storia delle lotte di classe", in cui le classi sociali sono definite dal rapporto dei lavoratori e dei borghesi con i mezzi di produzione. Pubblicato sullo sfondo delle rivoluzioni del 1848 e della loro successiva repressione in tutta Europa, il *Manifesto* rimane uno dei documenti politici più influenti del mondo.

I manoscritti economico-filosofici (1844). Questa raccolta di scritti rivela le prime idee di Marx sull'alienazione, il lavoro e la condizione umana sotto il capitalismo. Essi precedono il suo lavoro successivo sull'economia e la teoria politica. I manoscritti forniscono una critica dell'economia politica classica e partono dalla filosofia di Georg Wilhelm Friedrich Hegel e Ludwig Feuerbach. L'opera è meglio conosciuta per la sua articolazione dell'argomento di Marx secondo cui le condizioni delle moderne società industriali provocano l'estraniazione (o l'alienazione) dei lavoratori salariati dai propri prodotti, dal proprio lavoro e, quindi, da se stessi e gli uni dagli altri.

Das Kapital (*Il Capitale*). L'opera magna di Marx, *Das Kapital*, è un'analisi complessa del capitalismo e delle sue contraddizioni intrinseche.

Il Capitale è un'opera fondamentale della filosofia e dell'economia moderna. Esso è diviso in tre volumi che propongono un'analisi critica del sistema economico capitalista e delle sue implicazioni sociali.

Nel primo volume, Marx esplora la teoria del valore-lavoro, sostenendo inizialmente che il valore di una merce è determinato dal tempo di lavoro necessario per produrla. Egli spiega come il capitalismo sfrutti i lavoratori, ottenendo profitti attraverso la differenza tra il valore del lavoro che i lavoratori mettono in una merce e il salario che ricevono.

Nel secondo e terzo volume, Marx approfondisce il funzionamento del sistema capitalistico, analizzando la circolazione del capitale, l'accumulazione di capitale e le crisi economiche. Egli sostiene che il capitalismo è intrinsecamente instabile e porta a disuguaglianze sociali sempre crescenti.

Quest'opera getta le basi per il pensiero marxista e ha influenzato notevolmente il dibattito filosofico ed economico del XIX e XX secolo.

Nel sistema di produzione capitalisticio, i detentori dei mezzi di produzione ricavano il loro profitto usando il lavoro di altri uomini imponendo pesanti condizioni di lavaro e senza pagarli abbastanza. I proprietari delle fabbriche e delle macchine producono profitto in base alle legge del plusvalore. In base al diritto di proprietà dei mezzi di produzione essi stabiliscono anche le regole sulla distribuzione della ricchezza. Questo stato di cose, però, è la caratteristica di un periodo storico e non è una condizione naturale ed eterna, ma è modificabile. In quest'opera Marx discute della crescita del profitto, del rapporto tra lavoratori, industria e capitalisti, di come il denaro si concentra nelle mani di pochi (la formazione dei monopoli), della competizione tra le imprese, di come funzionano le banche, di come i profitti diminuiscono e di come la terra viene affittata (la rendita fondiaria).

Il primo volume fu pubblicato nel 1867 e Marx continuò a lavorare sui volumi successivi fino alla sua morte. Questo lavoro monumentale discute del plusvalore, il feticismo delle merci e la natura intrinseca dello sfruttamento del capitalismo. Esso rappresenta il culmine del lavoro della sua vita, ed è un'applicazione concreta della teoria del materialismo storico che intende " mettere a nudo le leggi economiche della società moderna", partendo da economisti politici classici come Adam Smith, Jean-Baptiste Say, David Ricardo e John Stuart Mill.

Contributi al giornalismo politico. Marx fu anche un prolifico giornalista ed editore, contribuendo a giornali e riviste nel corso della sua carriera. I suoi scritti sulla politica e l'economia contemporanea furono strumentali nel diffondere le sue idee e sfidare le strutture di potere prevalenti.

Fortuna delle sue opere

L'eredità intellettuale di Karl Marx è incommensurabile. Le sue idee gettarono le basi per il socialismo moderno e il comunismo, sottolineando la necessità di una società senza classi con la proprietà collettiva dei mezzi di produzione. Nonostante la diversità di interpretazioni e implementazioni del suo lavoro, l'eredità duratura di Marx è evidente nei movimenti sociali e politici di tutto il mondo, che sostengono i diritti dei lavoratori, la giustizia sociale e società eque.

La vita e l'impareggiabile opera di Karl Marx hanno lasciato un segno indelebile nei regni della filosofia, dell'economia e della politica. La sua incessante ricerca della verità, della giustizia e dell'uguaglianza continua a ispirare studiosi, attivisti e pensatori di tutto il mondo mentre navighiamo nelle complessità della società moderna e lottiamo per un mondo più giusto.

Friedrich Engels: vita e produzione intellettuale

Friedrich Engels è stato un filosofo tedesco, teorico politico, storico, giornalista e socialista rivoluzionario. Era anche un uomo d'affari e il più caro amico e collaboratore di Karl Marx. La famiglia di Engels era ricca e possedeva grandi fabbriche tessili di cotone in Prussia e in Inghilterra.

Engels nacque a Barmen, in Prussia (ora Wuppertal, Germania) il 28 novembre 1820. Ricevette un'educazione classica al ginnasio di Elberfeld, dove studiò latino, greco e filosofia. Nel 1838, Engels fu inviato a Brema come apprendista come mercante, ma trovò il lavoro soffocante e iniziò a perseguire i propri interessi intellettuali.

Nel 1842, Engels si trasferì a Manchester, in Inghilterra, per lavorare nel cotonificio di suo padre. Lì, assistette in prima persona alle dure condizioni della vita lavorativa sotto il capitalismo. Iniziò anche a scrivere articoli per giornali e riviste radicali, in cui criticava il sistema sociale ed economico del suo tempo.

Nel 1844, Engels incontrò Karl Marx a Parigi. I due uomini divennero rapidamente amici e collaboratori. Insieme, hanno sviluppato la teoria del materialismo storico, che sosteneva che il corso della storia è determinato dalle condizioni materiali della società, come i mezzi di produzione e la struttura di classe. Engels ha anche dato contributi significativi alla teoria del plusvalore di Marx, che ha spiegato come il capitalismo sfrutta i lavoratori.

Engels e Marx furono coautori di una serie di opere importanti, tra cui *La Sacra Famiglia*

(1844), *L'ideologia tedesca* (1846) *e Il Manifesto comunista* (1848). Queste opere gettarono le basi per il socialismo marxista.

Engels giocò anche un ruolo di primo piano nel movimento socialista rivoluzionario. Fu membro della Lega dei Comunisti e della Prima Internazionale. Partecipò anche a numerose rivolte, tra cui la rivoluzione tedesca del 1848.

Dopo il fallimento delle rivoluzioni del 1848, Engels tornò a Manchester e riprese il suo lavoro nel cotonificio di suo padre. Tuttavia, continuò a scrivere e tenere conferenze sul socialismo. Nel 1869, Engels vendette finalmente la sua quota del cotonificio, che gli permise di dedicarsi a tempo pieno al suo lavoro intellettuale e politico.

Engels fu uno scrittore prolifico. Ha pubblicato oltre sessanta libri e opuscoli, oltre a numerosi articoli e saggi. I suoi scritti coprirono una vasta gamma di argomenti, tra cui filosofia, storia, economia, politica e letteratura.

Engels morì a Londra il 5 agosto 1895. Fu sepolto accanto a Marx nel cimitero di Highgate.

La produzione intellettuale di Engels

L'opera di Engels può essere vista come una biografia del suo pensiero e del suo impegno per il movimento socialista rivoluzionario. I suoi primi scritti, come *The Condition of the Working Class in England* (1845), erano basati sulle sue osservazioni di prima mano delle dure condizioni della vita lavorativa sotto il capitalismo. Questi scritti contribuirono a gettare le basi per il successivo lavoro teorico di Marx ed Engels.

In *L'ideologia tedesca* (1846), Marx ed Engels svilupparono la loro teoria del materialismo storico, che sosteneva che il corso della storia è determinato dalle condizioni materiali della società, come i mezzi di produzione e la struttura di classe. Questa teoria ha fornito un quadro per comprendere lo sfruttamento dei lavoratori sotto il capitalismo e la necessità del socialismo.

Nel *Manifesto del Partito Comunista* (1848), Marx ed Engels dichiararono notoriamente che "la storia di tutta la società finora esistente è la storia della lotta di classe". Sostenevano che il capitalismo era un sistema intrinsecamente sfruttatore e che alla fine sarebbe stato rovesciato dalla classe operaia. Il *Manifesto del*

Partito Comunista divenne uno dei documenti politici più influenti della storia.

Engels scrisse anche ampiamente su una serie di altri argomenti, tra cui il ruolo delle donne nella società, l'origine della famiglia e la natura dell'imperialismo. Nella sua opera *L'origine della famiglia, della proprietà privata e dello Stato* (1884), Engels sosteneva che la famiglia e lo stato non erano istituzioni naturali, ma piuttosto costrutti sociali che si erano sviluppati come risultato dell'ascesa della proprietà privata. Sosteneva anche che l'emancipazione delle donne era essenziale per la liberazione della classe operaia.

L'opera di Engels è una lettura essenziale per chiunque voglia comprendere il marxismo e la storia del pensiero socialista. I suoi scritti sono anche di interesse per coloro che si occupano di questioni come la giustizia sociale, l'uguaglianza di genere e l'imperialismo.

Friedrich Engels è stato una figura imponente nella storia del pensiero socialista. Il suo lavoro ha avuto un profondo impatto sul mondo e le sue idee continuano a ispirare persone in tutto il mondo.

La vita e l'opera intellettuale di Lenin
Vladimir Ilich Lenin fu un rivoluzionario, politico e teorico politico russo. Fu il fondatore e il primo capo di governo della Russia sovietica dal 1917 al 1924. Sotto la sua amministrazione, la Russia, che più tardi prese il nome di Unione delle Repubbliche Socialiste Sovietiche (URSS), divenne uno stato socialista monopartitico governato dal Partito

Comunista. Ideologicamente marxista, i suoi sviluppi all'ideologia sono chiamati leninismo.

Lenin nacque in una famiglia dell'alta borghesia a Simbirsk, in Russia, il 22 aprile 1870. Abbracciò la politica socialista rivoluzionaria dopo l'esecuzione di suo fratello nel 1887 per aver complottato per assassinare lo zar Alessandro III. Lenin fu espulso dall'Università di Kazan per le sue attività politiche, ma continuò a studiare legge e divenne un avvocato di successo.

Nel 1898, Lenin fondò il Partito Operaio Socialdemocratico Russo (RSDLP) con altri marxisti. Il partito si divise poir in due fazioni: i bolscevichi, guidati da Lenin, e i menscevichi. I bolscevichi sostenevano un approccio più radicale alla rivoluzione, mentre i menscevichi preferivano un approccio più graduale.

Nel 1905, la Russia fu scossa da un'ondata di scioperi e manifestazioni. Lenin invocò una rivolta armata, ma i bolscevichi furono sconfitti. Lenin fu costretto a fuggire dalla Russia e visse in esilio per diversi anni.

Nel 1917, Lenin tornò in Russia nel bel mezzo della prima guerra mondiale. La guerra aveva causato diffuse difficoltà economiche e disordini sociali in Russia, e il regime zarista era sull'orlo del collasso. Lenin guidò i bolscevichi alla vittoria nella Rivoluzione d'Ottobre, che rovesciò il governo zarista e stabilì un nuovo stato socialista.

Il governo di Lenin attuò una serie di riforme radicali, tra cui la nazionalizzazione dell'industria, la collettivizzazione dell'agricoltura e la separazione tra chiesa e stato. Lenin giocò anche un ruolo decisivo nella fondazione della Terza Internazionale, un'organizzazione comunista che si dedicò alla diffusione della rivoluzione in tutto il mondo.

Lavoro intellettuale

Lenin fu uno scrittore e un pensatore prolifico. Scrisse ampiamente su una vasta gamma di argomenti, tra cui la teoria socialista, la tattica e la strategia. Alcune delle sue opere più importanti includono:

Che fare? (1902)

Due tattiche della socialdemocrazia nella rivoluzione democratica (1905)

L'imperialismo, la fase suprema del capitalismo (1916)

Lo stato e la rivoluzione (1917)

Comunismo di sinistra: un disturbo infantile (1920)

Il lavoro intellettuale di Lenin fu modellato da una serie di fattori, tra cui la sua prima educazione, la sua esposizione al movimento socialista e le sue esperienze come rivoluzionario. Fu particolarmente influenzato dalle opere di Karl Marx e Friedrich Engels. Tuttavia, Lenin sviluppò anche teorie proprie sulla natura del capitalismo, dell'imperialismo e della rivoluzione.

Uno dei contributi più importanti di Lenin al pensiero socialista fu **la sua teoria dell'imperialismo**. Nel suo libro *L'imperialismo, fase suprema del capitalismo*, Lenin sosteneva che il capitalismo era entrato in una nuova fase in cui le principali potenze capitaliste erano impegnate in una lotta mondiale per accaparrarsi mercati e risorse. Sosteneva anche che l'imperialismo era la causa principale della guerra e che solo il socialismo poteva porvi fine.

Un altro importante contributo di Lenin fu la sua teoria del partito d'avanguardia. Lenin sosteneva che la classe operaia doveva essere guidata da un partito rivoluzionario fatto di rivoluzionari di professione. Questo partito sarebbe stato responsabile dell'educazione e dell'organizzazione della classe operaia e della sua guida nella lotta rivoluzionaria.

Le idee di Lenin furono messe alla prova nel 1917, quando guidò i bolscevichi alla vittoria nella rivoluzione russa. I bolscevichi fondarono il primo stato socialista del mondo, l'Unione Sovietica. Lenin divenne il primo leader dell'Unione Sovietica e servì in quella posizione fino alla sua morte nel 1924.

L'eredità di Lenin è complessa e non priva di critiche. Gli viene attribuito lo sviluppo di una serie di importanti intuizioni teoriche sulla natura del capitalismo e dell'imperialismo. Ha guidato la rivoluzione russa e stabilito l'Unione Sovietica. Tuttavia, Lenin è anche criticato per il suo governo autoritario e il suo ruolo nel Terrore rosso, un periodo di repressione di massa nei primi anni del regime sovietico.

Nonostante le polemiche, Lenin rimane uno dei pensatori politici più importanti e influenti del XX secolo. Le sue idee continuano ad essere dibattute e discusse da studiosi e attivisti oggi.

Introduzione al marxismo come teoria socio-politica

Il marxismo è una teoria socio-politica sviluppata da Karl Marx e Friedrich Engels a metà del XX secolo. È un metodo di analisi socioeconomica che utilizza un'interpretazione materialista dello sviluppo storico, meglio noto come materialismo storico, per comprendere le relazioni di classe e il conflitto sociale e una prospettiva dialettica per capire la trasformazione sociale. Il marxismo cerca di spiegare i fenomeni sociali all'interno di una data società analizzando le condizioni materiali e le attività economiche necessarie per soddisfare i bisogni materiali umani. Presuppone che la forma di organizzazione economica, o modo di produzione, influenzi tutti gli altri fenomeni sociali, comprese le relazioni sociali più ampie, le istituzioni politiche, i sistemi legali, i sistemi culturali, l'estetica e le ideologie. Queste relazioni sociali e il sistema economico formano una base e una sovrastruttura. Man mano che le forze di produzione (cioè la tecnologia) migliorano, le forme esistenti di organizzazione della produzione diventano obsolete e ostacolano ulteriori progressi.

Marx sosteneva che il capitalismo, il modo di produzione dominante nel suo tempo, era intrinsecamente sfruttatore e instabile. Sosteneva che la borghesia, o capitalisti, possiede i mezzi di produzione, come fabbriche e macchinari, mentre il proletariato, o i lavoratori, vendono la loro forza lavoro alla borghesia per sopravvivere. La borghesia approfitta del plusvalore prodotto dal proletariato, che è la differenza tra il valore dei beni e dei servizi prodotti dai lavoratori e il valore dei loro salari. Marx credeva che questo sfruttamento alla fine avrebbe portato a una rivoluzione operaia, che avrebbe rovesciato il capitalismo e stabilito una società comunista.

In una società comunista, i mezzi di produzione sarebbero posseduti e controllati dalla classe operaia. Non ci sarebbero classi sociali o proprietà privata, e ognuno contribuirebbe alla società secondo le proprie capacità e riceverebbe secondo i propri bisogni. Marx credeva che il comunismo fosse l'unico modo per realizzare una società veramente giusta ed egualitaria.

Ora esploreremo il contesto storico e l'evoluzione del marxismo. Abbiamo già visto le figure centrali che hanno contribuito allo sviluppo del pensiero marxista, tra cui Karl

Marx, Friedrich Engels e Vladimir Lenin. Comprendendo il contesto storico in cui è emersa la teoria marxista, possiamo apprezzare meglio il suo significato e la sua rilevanza per le questioni sociali e politiche contemporanee.

Comprendere il contesto storico e l'evoluzione del marxismo

Per comprendere appieno la teoria marxista, è essenziale considerare il suo contesto storico e la sua evoluzione. Il marxismo è emerso nel XIX secolo come risposta ai cambiamenti sociali, economici e politici determinati dall'industrializzazione e dal capitalismo.

Gli antecedenti: l'idealismo tedesco, il radicalismo filosofico e il primo socialismo.

L'idealismo tedesco, il radicalismo filosofico e il primo socialismo sono movimenti interconnessi emersi subito dopo il periodo dell'Illuminismo in Europa. Sono stati influenzati dai cambiamenti socioeconomici e politici che si sono verificati durante questo periodo, tra cui la rivoluzione industriale, l'ascesa delle economie capitaliste e l'emergere della democrazia liberale. In questa sezione, esploreremo i legami tra questi tre sistemi filosofici e come hanno contribuito al mondo moderno.

L'idealismo tedesco, emerso tra la fine del XVIII e l'inizio del XIX secolo, fu un movimento filosofico che influenzò significativamente il pensiero e la cultura europea. È stato sviluppato principalmente da filosofi come Immanuel Kant, Johann Gottlieb Fichte, Friedrich Wilhelm Joseph Schelling e Georg Wilhelm Friedrich Hegel. L'idealismo tedesco cercò di affrontare questioni fondamentali sulla natura della realtà, della conoscenza e dell'esistenza umana. Si basava sull'idea che il mondo è un prodotto della mente umana e che la realtà è modellata dalla coscienza umana. L'idealismo tedesco ha avuto un profondo impatto sulla filosofia e sulla cultura europea e ha influenzato molti altri movimenti filosofici, tra cui l'esistenzialismo, la fenomenologia e il postmodernismo.

In campo politico, l'idealismo tedesco ha contribuito allo sviluppo di idee rivoluzionarie e alla critica delle strutture sociali esistenti. La filosofia di Hegel, in particolare, ha fornito un quadro per comprendere lo sviluppo storico e il processo dialettico del cambiamento. Il suo concetto di dialettica, che postulava che il progresso avviene attraverso la risoluzione delle contraddizioni, influenzò i successivi pensatori e movimenti politici. La teoria marxista, radicata nella dialettica hegeliana, ha attinto a queste idee e le ha ampliate in una critica completa della società capitalista.

Nonostante il suo potenziale rivoluzionario, l'idealismo tedesco rimase entro i confini dell'ideologia borghese. Mentre sfidava i modi di pensiero prevalenti, non si liberava completamente dal quadro idealista che dava priorità alle idee rispetto alle condizioni materiali. Il marxismo, al contrario, ha cercato di andare oltre il regno delle idee e affrontare le condizioni materiali concrete che modellano l'esistenza umana.

L'idealismo tedesco ha ridefinito la nostra comprensione della soggettività, influenzato movimenti artistici come il romanticismo e fornito una base teorica per le critiche politiche. Tuttavia, è cruciale riconoscere i limiti dell'idealismo tedesco e la necessità di avanzare verso un'analisi materialista, come il marxismo cerca di fare, al fine di comprendere e trasformare veramente la società.

Il radicalismo filosofico, noto anche come illuminismo radicale, era un movimento filosofico e intellettuale emerso nei secoli XVII e XVIII. Comprendeva una serie di pensatori che sostenevano un cambiamento sociale e politico radicale, sfidando le istituzioni tradizionali e promuovendo idee come la libertà individuale, l'uguaglianza e la razionalità.

L'impatto del radicalismo filosofico sulla filosofia e la cultura europea fu profondo. Uno dei suoi contributi fondamentali è stata la promozione del secolarismo e la critica dell'autorità religiosa. Pensatori come Baruch Spinoza e Denis Diderot hanno messo in discussione il ruolo della religione organizzata nella società e hanno sostenuto la separazione tra chiesa e stato. Le loro idee hanno gettato le basi per lo sviluppo dell'umanesimo secolare e il riconoscimento della ragione e della scienza come fondamento della conoscenza.

Inoltre, il radicalismo filosofico ha svolto un ruolo significativo nel progresso delle teorie politiche e sociali che hanno enfatizzato i diritti individuali e la giustizia sociale. Pensatori come John Locke e Jean-Jacques Rousseau hanno sostenuto i diritti intrinseci degli individui e l'importanza del consenso e della sovranità popolare nel governo politico. Queste idee hanno avuto un impatto diretto sullo sviluppo dei movimenti democratici e sulla formazione delle moderne ideologie liberali e progressiste.

Inoltre, il radicalismo filosofico ha sfidato le gerarchie sociali stabilite e ha difeso i diritti dei gruppi emarginati. Ha influenzato l'emergere del pensiero femminista, con pensatori come

Mary Wollstonecraft che sostengono l'uguaglianza di genere e i diritti delle donne. Inoltre, l'enfasi del movimento sulla ragione e l'uguaglianza ha gettato le basi per il movimento abolizionista, sostenendo la fine della schiavitù e il riconoscimento della dignità intrinseca di tutti gli individui.

L'impatto del radicalismo filosofico si estese oltre la filosofia e influenzò direttamente la cultura europea. Ha promosso uno spirito di indagine intellettuale e pensiero critico, incoraggiando le persone a mettere in discussione le autorità tradizionali ed esplorare nuove idee. L'Illuminismo, un periodo strettamente associato al radicalismo filosofico, ha visto un fiorire di letteratura, arte e scoperte scientifiche. Le opere di Voltaire, Rousseau e altri pensatori illuministi hanno ispirato movimenti culturali e artistici che hanno cercato di sfidare le norme esistenti e sostenere il progresso sociale.

Tuttavia, mentre il radicalismo filosofico ha contribuito a importanti progressi nei diritti individuali e nelle teorie politiche, spesso è rimasto radicato nell'ideologia borghese e non è riuscito ad affrontare pienamente le disuguaglianze strutturali inerenti alla società capitalista. La teoria marxista cerca di andare oltre i limiti del radicalismo filosofico fornendo una critica completa del capitalismo e offrendo un percorso verso la liberazione della classe operaia.

In sintesi, il radicalismo filosofico ha avuto un profondo impatto sulla filosofia e sulla cultura europea. Ha promosso la laicità, i diritti individuali e la giustizia sociale, sfidando le istituzioni tradizionali e ispirando movimenti per l'uguaglianza e il progresso. Tuttavia, è importante riconoscere la necessità di un'analisi materialista, come offre il marxismo, per comprendere appieno e affrontare le contraddizioni sociali ed economiche della società capitalista.

Il primo socialismo è emerso all'inizio del XIX secolo come movimento socio-economico con la convinzione che la società dovrebbe essere strutturata attorno ai principi della proprietà sociale, del processo decisionale collettivo e dell'uguaglianza economica. Figure di spicco come Robert Owen, Charles Fourier e Henri de Saint-Simon hanno svolto ruoli vitali nel guidare questo movimento e plasmare le sue idee.

L'impatto del primo socialismo sulla politica e sulla società europea fu sostanziale. Ha sfidato il sistema capitalista prevalente e ha sostenuto una società più equa e giusta. I primi socialisti criticavano lo sfruttamento della classe operaia, le ingiustizie sociali perpetuate dal capitalismo e la concentrazione della ricchezza nelle mani di pochi. Hanno cercato di affrontare questi problemi proponendo modelli economici e sociali alternativi che enfatizzassero la cooperazione, la proprietà comune e il processo decisionale condiviso.

Inoltre, il primo socialismo ha gettato le basi per l'emergere del socialismo moderno e del comunismo. La sua critica del capitalismo, l'attenzione alla proprietà sociale e il perseguimento dell'uguaglianza economica hanno influenzato direttamente lo sviluppo della teoria marxista. Karl Marx e Friedrich Engels, basandosi sulle idee del primo socialismo, svilupparono un'analisi completa del capitalismo e formularono i principi del socialismo scientifico, che in seguito divenne noto come marxismo.

Il marxismo ha ampliato le idee del primo socialismo fornendo una comprensione materialista dello sviluppo storico, sottolineando il ruolo della lotta di classe nel cambiamento sociale e proponendo un percorso rivoluzionario verso il socialismo. Le opere di Marx ed Engels, come *Il manifesto comunista* e *Il capitale*, divennero testi fondamentali del movimento socialista, plasmando la teoria e la pratica del marxismo.

In breve, il primo socialismo ha svolto un ruolo cruciale nella politica e nella società europea sfidando il capitalismo e sostenendo la proprietà sociale, il processo decisionale collettivo e l'uguaglianza economica. Ha gettato le basi per l'emergere del socialismo moderno e del comunismo e ha influenzato direttamente lo sviluppo della teoria marxista. Le idee e i principi del primo socialismo continuano a risuonare all'interno della più ampia tradizione socialista, in quanto forniscono una critica del capitalismo e offrono visioni alternative per una società più giusta ed egualitaria.

I legami tra l'idealismo tedesco, il radicalismo filosofico e il primo socialismo sono evidenti nella loro enfasi condivisa sul ruolo della coscienza umana nel plasmare la realtà. L'idealismo tedesco accentuava l'idea che la coscienza umana crea la realtà, mentre il radicalismo filosofico sottolineava il ruolo della libertà individuale e della giustizia sociale. Il primo socialismo, d'altra parte, enfatizzava il ruolo del processo decisionale collettivo e dell'uguaglianza economica.

Inoltre, tutti e tre i movimenti sono stati influenzati dai cambiamenti socio-economici e politici che si sono verificati durante il periodo dell'Illuminismo in Europa. In effetti, la rivoluzione industriale, l'ascesa delle economie capitaliste e l'emergere della democrazia liberale hanno contribuito all'emergere di questi movimenti. L'idealismo tedesco, il radicalismo filosofico e il primo socialismo erano tutte risposte alle sfide poste da questi cambiamenti e cercavano di affrontare le questioni della giustizia sociale, della disuguaglianza economica e della libertà politica.

In conclusione, questi tre movimenti interconnessi ed emersi durante il periodo dell'Illuminismo in Europa, sono stati modellati dai cambiamenti socio-economici e politici che si sono verificati durante questa era e hanno affrontato criticamente le questioni della giustizia sociale, della disuguaglianza economica e della libertà politica. Furono movimenti filosofici e in parte politici che hanno contribuito all'emergere della moderna democrazia liberale, del socialismo e del comunismo.

Karl Marx e Friedrich Engels

Come abbiamo già visto, Karl Marx e Friedrich Engels, i fondatori del marxismo, erano profondamente critici nei confronti del capitalismo e dei suoi effetti sulla società. Sostenevano che il capitalismo era caratterizzato da sfruttamento economico, disuguaglianza sociale e oppressione politica. Inoltre, credevano che il capitalismo fosse intrinsecamente instabile e incline alla crisi, portando a recessioni economiche e disordini sociali.

Il marxismo si è evoluto nel tempo quando nuovi pensatori e attivisti hanno costruito sulle idee di Marx ed Engels e le hanno adattate a diversi contesti. Ad esempio, Vladimir Lenin, il leader del partito bolscevico in Russia, sviluppò il concetto di imperialismo e l'idea del partito d'avanguardia, che svolse un ruolo fondamentale nel successo della rivoluzione russa.

Mao Zedong, il leader del Partito Comunista Cinese, adattò la teoria marxista al contesto cinese, sottolineando l'importanza della rivoluzione contadina e il ruolo delle campagne nella lotta contro il capitalismo.

Leon Trotsky, un leader della rivoluzione russa e fondatore della Quarta Internazionale, sviluppò il concetto di rivoluzione permanente, che sostiene che le rivoluzioni socialiste dovrebbero continuare fino a quando non sarà raggiunta una società socialista mondiale.

Comprendendo il contesto storico e l'evoluzione del marxismo, possiamo apprezzare la diversità della teoria marxista e i dibattiti in corso all'interno della tradizione marxista. Possiamo anche capire come la teoria marxista sia stata applicata in diversi contesti nel corso della storia e le sfide e le opportunità che sorgono quando si cerca di metterla in pratica.

II. Fondamenti del pensiero marxista

La mia conoscenza del marxismo suggerisce che è essenziale partire dai fondamenti del pensiero marxista. Questi fondamenti includono tre concetti fondamentali: **materialismo storico, materialismo dialettico e analisi marxista del capitalismo.**

Il materialismo storico e il rapporto tra sviluppo economico e sociale

Il materialismo storico è la visione secondo cui le condizioni economiche e sociali di una società sono i fattori primari che determinano il suo sviluppo. Ciò significa che il sistema economico di una società determina le istituzioni sociali e politiche che esistono al suo interno. Ad esempio, in una società feudale, il sistema economico dominante si basa sulla proprietà della terra, e questo porta a una gerarchia sociale in cui i nobili detengono il potere sui contadini. Al contrario, in una società capitalista, il sistema economico dominante si basa sulla proprietà privata dei mezzi di produzione, e questo porta all'emergere della borghesia e della classe operaia.

Marx sosteneva che le società attraversano una serie di fasi, ognuna con il proprio sistema economico caratteristico e le proprie classi sociali. La fase iniziale è il comunismo primitivo, in cui non c'è proprietà privata e tutti lavorano insieme per produrre ciò che è necessario per la sopravvivenza. La fase successiva è il feudalesimo, in cui una piccola classe di proprietari terrieri possiede la terra e la maggior parte della popolazione lavora come contadini. La fase finale è il capitalismo, in cui una piccola classe di capitalisti possiede i mezzi di produzione (fabbriche, macchinari, ecc.) e la maggioranza della popolazione lavora per un salario.

Ogni fase dello sviluppo sociale è caratterizzata da una specifica modalità di produzione. Il modo di produzione è il modo in cui beni e servizi sono prodotti in una società. Il modo di produzione include le forze di produzione (gli strumenti e le tecnologie utilizzate per produrre beni e servizi) e i rapporti sociali di produzione (il modo in cui le persone sono organizzate per produrre beni e servizi).

Ad esempio, il modo di produzione nel feudalesimo è caratterizzato dall'uso di strumenti e tecnologie semplici, come l'aratro e il carro trainato da cavalli. I rapporti sociali di produzione nel feudalesimo sono caratterizzati dal rapporto tra i proprietari terrieri e i contadini. I proprietari terrieri possiedono la terra e i contadini lavorano la terra.

Il modo di produzione nel capitalismo è caratterizzato dall'uso di macchine e tecnologie complesse, come il sistema di fabbrica e la macchina a vapore. I rapporti sociali di produzione nel capitalismo sono caratterizzati dal rapporto tra i capitalisti e i lavoratori salariati. I capitalisti possiedono i mezzi di produzione e i lavoratori salariati lavorano per i capitalisti.

Il modo di produzione è il fattore più importante nel determinare la struttura sociale e il sistema politico di una società. Esso determina le classi sociali in una società e il rapporto tra queste classi. Inoltre, esso determina anche lo stato e il suo ruolo nella società.

Ad esempio, il modo di produzione feudale ha dato origine alla struttura sociale feudale, con i suoi signori, cavalieri e contadini. Il modo di produzione feudale ha anche dato origine allo stato feudale, che fu stato progettato per proteggere gli interessi dei signori feudali.

Il modo di produzione capitalistico ha dato origine alla struttura sociale capitalista, con la sua borghesia e il suo proletariato. Il modo di produzione capitalista ha anche dato origine allo Stato capitalista, che è destinato a proteggere gli interessi della borghesia.

Il materialismo dialettico e il suo ruolo nella comprensione del cambiamento sociale

Il materialismo dialettico è la visione secondo cui il cambiamento sociale deriva dalle contraddizioni e dai conflitti che sorgono all'interno della società. Queste contraddizioni e conflitti sono il risultato dello scontro tra forze sociali opposte, come la borghesia e il proletariato nella società capitalista. Secondo il materialismo dialettico, il cambiamento sociale non è un processo lineare, ma piuttosto un processo complesso e dinamico che deriva dalla tensione tra forze opposte.

Il materialismo dialettico implica le tre leggi della dialettica, che sono le seguenti:

La legge dell'unità e della lotta degli opposti. Questa legge afferma che tutto contiene contraddizioni e che queste contraddizioni sono la forza trainante del cambiamento.

La legge della trasformazione della quantità in qualità. Questa legge afferma che piccoli cambiamenti possono accumularsi nel tempo e alla fine portare a un cambiamento improvviso e qualitativo.

La legge della negazione della negazione. Questa legge afferma che il cambiamento non è un processo lineare, ma piuttosto un processo a spirale. Le cose cambiano, ma mantengono anche alcune delle loro vecchie caratteristiche.

Il materialismo dialettico utilizza le tre leggi della dialettica per comprendere il cambiamento sociale. Secondo DIAMAT il capitalismo è un sistema pieno di contraddizioni. Ad esempio, la contraddizione tra il carattere sociale della produzione e la proprietà privata dei mezzi di produzione che il socialismo intende abolire.

Marx ha anche sostenuto che il capitalismo è in continua evoluzione. Man mano che il capitalismo si sviluppa, produce nuove contraddizioni. Queste contraddizioni alla fine portano al rovesciamento del capitalismo e all'instaurazione del socialismo.

Analisi marxista del capitalismo e delle sue contraddizioni intrinseche

L'analisi marxista del capitalismo è un aspetto fondamentale della teoria marxista. Marx sosteneva che il capitalismo è un sistema di sfruttamento in cui la borghesia estrae plusvalore dalla classe operaia attraverso il processo di produzione. Questo processo di sfruttamento è inerente al sistema capitalista e porta alla disuguaglianza economica e al conflitto sociale. Marx ha anche sostenuto che il capitalismo contiene contraddizioni intrinseche che alla fine porteranno alla sua caduta, poiché la classe operaia diventa sempre più consapevole del proprio sfruttamento e cerca di rovesciare la borghesia.

È importante notare che questi tre concetti sono correlati e costituiscono la base della teoria marxista. Comprendendo il materialismo storico, il materialismo dialettico e l'analisi marxista del capitalismo, possiamo ottenere informazioni sulle strutture sociali, economiche e politiche che modellano il nostro mondo. Questi concetti forniscono anche un quadro per comprendere la lotta in corso tra la classe dominante e la classe operaia e il potenziale per un cambiamento rivoluzionario.

Per una comprensione più profonda di questi concetti fondamentali, dovrai esaminare la loro applicazione in diversi contesti storici e contemporanei. Inoltre, dovrai considerare le critiche e le sfide alla teoria marxista, sia all'interno che all'esterno della tradizione marxista.

In sostanza, la compresnsione di questi concetti fondamentali è essenziale per chiunque cerchi di impegnarsi criticamente con la teoria marxista e capirne la rilevanza nel mondo di oggi.

III. Concetti di base del marxismo

Mentre approfondiamo la teoria marxista, incontriamo una serie di concetti fondamentali che sono essenziali per comprendere l'analisi marxista della società e il potenziale per un cambiamento rivoluzionario. In questo capitolo, esploreremo quattro di questi concetti: **lotta di classe, plusvalore, ruolo dello Stato** e **dittatura del proletariato**.

La lotta di classe e la sua importanza nella teoria marxista

La lotta di classe, una pietra angolare della teoria marxista, serve come una lente critica attraverso la quale possiamo comprendere le dinamiche della società, specialmente nel contesto del capitalismo. Questo concetto non è semplicemente una nozione astratta confinata alle pagine polverose dei tomi accademici; piuttosto, è una forza vivente e respirante che modella il tessuto stesso del nostro mondo sociale ed economico.

La teoria marxista afferma fondamentalmente che le società sono strutturate attorno ai mezzi di produzione, agli strumenti, alle fabbriche e alle risorse necessarie per creare beni e servizi. In una società capitalista, come quella in cui molti di noi si trovano oggi, questa divisione è netta e lampante. Da questa divisione emergono due classi primarie: la borghesia e il proletariato.

La borghesia, termine coniato dallo stesso Marx, rappresenta i proprietari dei mezzi di produzione, coloro che controllano le fabbriche, le imprese e il capitale. Esercitano un immenso potere economico, determinando ciò che viene prodotto, come viene prodotto e chi ne beneficia. Il proletariato, d'altra parte, comprende la classe operaia, gli individui che, per sbarcare il lunario, devono vendere la loro forza lavoro alla borghesia. Questa iniqua distribuzione del potere e delle risorse costituisce il fondamento della lotta di classe.

Ma cos'è esattamente la lotta di classe? È la tensione, il conflitto e la contestazione che nascono dagli interessi opposti di queste due classi principali. La borghesia cerca di massimizzare i profitti e consolidare la sua ricchezza, spesso a spese del proletariato. Al contrario, la classe operaia, di fronte allo sfruttamento e all'alienazione, anela a salari migliori, migliori condizioni di lavoro e un maggiore controllo sulle proprie vite. Questa contraddizione intrinseca tra la ricerca del profitto da parte della borghesia e la ricerca della giustizia da parte del proletariato alimenta il fuoco della lotta di classe.

Marx sosteneva che questa lotta non è un semplice sottoprodotto del capitalismo; piuttosto, è la sua caratteristica distintiva. Il capitalismo genera intrinsecamente disuguaglianza e ingiustizia, costringendo la classe operaia a resistere alla loro oppressione. Attraverso l'azione collettiva, l'organizzazione e la solidarietà, la classe operaia può sfruttare il suo immenso potenziale per sfidare il dominio della borghesia.

Per Marx, l'obiettivo finale di questa lotta di classe è trascendere il capitalismo e stabilire una società socialista. In questa società immaginata, i mezzi di produzione sarebbero posseduti e controllati collettivamente, eliminando lo sfruttamento del lavoro e l'incessante ricerca del profitto. Invece di una società divisa per classe, ci sarebbe un movimento verso l'uguaglianza e la giustizia sociale.

In sintesi, la lotta di classe è un concetto vitale nella teoria marxista, che ci offre un quadro per comprendere le tensioni e i conflitti che modellano la nostra società. Evidenzia le contraddizioni intrinseche del capitalismo e sottolinea il potenziale per un cambiamento trasformativo. Mentre navighiamo nelle complessità del nostro mondo moderno, comprendere il significato della lotta di classe può darci il potere di immaginare e lavorare per un futuro più equo e giusto per tutti.

Il concetto di plusvalore e sfruttamento sotto il capitalismo

Il concetto di **plusvalore** è una potente lente attraverso la quale possiamo sezionare e comprendere il funzionamento interno del capitalismo e le dure realtà dello sfruttamento che definiscono il nostro moderno sistema economico. Questo concetto, coniato da Karl Marx, serve come chiave per risolvere i misteri della creazione della ricchezza, della sua distribuzione e della disuguaglianza.

Il plusvalore, nella sua essenza, rappresenta il valore aggiunto generato dal lavoro di un lavoratore al di là di quello che viene pagato in salari dalla classe capitalista. Quando un lavoratore va a lavorare in un'impresa capitalista, usa le sue capacità, il suo tempo e i suoi sforzi per produrre beni o servizi. Il valore di questi beni e servizi, come determinato dal mercato, dovrebbe, in teoria, corrispondere al salario del lavoratore. Tuttavia, qui sta il nocciolo della questione: il capitalista non paga al lavoratore l'intero valore del suo lavoro; ne paga solo una frazione, che chiamiamo salari.

Quindi, cosa succede al resto del valore generato dal lavoro del lavoratore? Questo plusvalore viene effettivamente drenato dalla classe capitalista, ed è questo processo che Marx ha giustamente definito sfruttamento. **Lo sfruttamento,** sotto il capitalismo, non è una metafora melodrammatica, ma un meccanismo economico molto reale. È il fondamento su cui prospera il sistema capitalista.

La classe capitalista, che possiede i mezzi di produzione e controlla le leve economiche del potere, assicura che accumulino questo plusvalore. Lo fa strutturando il rapporto di lavoro in modo da consentire loro di estrarre più valore dai lavoratori di quanto non li compensino. Questa differenza tra il valore creato dal lavoratore e il suo salario è il plusvalore.

L'estrazione del plusvalore è la linfa vitale del capitalismo. È ciò che guida l'incessante ricerca del profitto, l'accumulo di ricchezza e il ciclo perpetuo della disuguaglianza economica. I capitalisti reinvestono questo plusvalore nelle loro imprese, cercando di espandere le loro attività, aumentare la produzione e, in definitiva, accumulare più capitale. Questa accumulazione di capitale porta alla concentrazione della ricchezza e del potere nelle mani di pochi, mentre la stragrande maggioranza dei lavoratori rimane con salari magri, sicurezza del lavoro limitata e un'esistenza precaria.

In sintesi, il concetto di plusvalore mette a nudo le dure realtà dello sfruttamento all'interno del capitalismo. È il meccanismo fondamentale che sostiene il sistema, perpetua la disuguaglianza economica e guida l'incessante ricerca del profitto da parte della classe capitalista. Comprendere il plusvalore non è solo un esercizio accademico, ma uno strumento fondamentale per coloro che cercano di sfidare lo status quo e immaginare un ordine economico più equo e giusto. È un punto di raccolta per coloro che credono che una società più giusta e più umana non sia solo un sogno, ma un obiettivo raggiungibile.

Il ruolo dello Stato nella teoria marxista

Questo è un argomento di suprema importanza, in quanto modella fondamentalmente la nostra comprensione delle strutture sociali e delle dinamiche di potere.

Nel regno della teoria marxista, lo stato si erge come un'istituzione cardine che esercita un'immensa influenza sulla vita degli individui all'interno di una data società. Karl Marx vedeva lo Stato come uno strumento progettato principalmente per salvaguardare gli interessi e i privilegi della classe dominante, vale a dire la borghesia. Era, a suo avviso, una manifestazione delle relazioni socio-economiche e della lotta di classe intrinseche alle società capitaliste.

La borghesia, caratterizzata dalla proprietà dei mezzi di produzione, cercava di proteggere e perpetuare la sua ricchezza e influenza. A tal fine, hanno impiegato lo stato come uno strumento formidabile. Questo strumento ha svolto diverse funzioni:

Dominio di classe: lo Stato è stato determinante nel preservare il dominio della borghesia sul proletariato, sulla classe operaia. Ha sostenuto l'ordine capitalista esistente legalizzando la proprietà privata, facendo rispettare i contratti e mantenendo un quadro giuridico che favoriva il modo di produzione capitalista.

Repressione: Quando gli interessi della classe dominante erano minacciati, lo stato poteva ricorrere alla coercizione e alla repressione per reprimere il dissenso tra la classe operaia. Ciò si manifestava attraverso i sistemi di polizia, militari e legali, che servivano tutti a mantenere l'ordine sociale con la forza, se necessario.

Egemonia ideologica: al di là del semplice controllo fisico, lo stato ha anche svolto un ruolo cruciale nel plasmare e diffondere l'ideologia della classe dominante. L'istruzione, i media e le istituzioni culturali erano spesso influenzati o direttamente controllati dalla borghesia, diffondendo narrazioni che legittimavano il sistema capitalista.

Tuttavia, è importante sottolineare che Marx non percepiva lo stato come un'entità monolitica e immutabile. Riconobbe che lo stato, in teoria, aveva il potenziale per essere trasformato dalla classe operaia per servire i propri interessi. Questo potenziale di trasformazione risiede nelle contraddizioni intrinseche del capitalismo stesso.

Marx credeva che lo sfruttamento e l'alienazione sperimentati dalla classe operaia sotto il capitalismo avrebbero alla fine portato alla coscienza di classe. Quando i lavoratori riconoscevano i loro interessi comuni e la natura oppressiva del sistema capitalista, potevano organizzarsi collettivamente per prendere il potere politico. Questo processo si tradurrebbe in uno stato proletario, che Marx immaginava come una fase di transizione verso una società senza classi, o comunismo.

In questo stato di transizione, la classe operaia userebbe l'apparato dello stato per smantellare il capitalismo, espropriare i mezzi di produzione e stabilire una società socialista. Nel corso del tempo, quando le distinzioni di classe si dissolvevano, lo stato si estingueva, dando origine a una società veramente comunista caratterizzata dalla proprietà comune, dal processo decisionale collettivo e dall'assenza di lotta di classe.

Infine, da una prospettiva marxista, lo stato è un'istituzione dinamica e complessa che serve gli interessi della classe dominante, ma ha anche il potenziale per essere trasformato dalla classe operaia per aprire la strada a una società più equa e senza classi. Comprendere il ruolo dello stato in questo contesto è essenziale per cogliere i principi fondamentali della teoria marxista e la sua visione di un sistema socio-economico fondamentalmente diverso.

L'idea della dittatura del proletariato

La dittatura del proletariato è il concetto finale che esploreremo in questo capitolo. Questa idea si riferisce a un periodo di transizione tra capitalismo e socialismo, in cui la classe operaia prende il controllo dello Stato e lo usa per sopprimere la borghesia e stabilire un'economia socialista. Marx sosteneva che la dittatura del proletariato era necessaria per impedire alla borghesia di riaffermare il suo potere e per stabilire le condizioni per l'eventuale estinzione dello Stato e l'emergere di una società senza classi.

Il concetto di dittatura del proletariato ha suscitato ferventi dibattiti e acceso le fiamme della speranza nei cuori di coloro che anelano a un mondo più equo. Esploriamo questa idea che racchiude un aspetto controverso del marxismo.

La dittatura del proletariato si pone come una fase cruciale nella visione marxista, incastonata tra i regni del capitalismo e il futuro radioso del socialismo. Non è una dittatura nel senso convenzionale che la parola potrebbe implicare. Piuttosto, è un periodo di transizione, un crogiolo attraverso il quale la classe operaia assume il controllo dello Stato, esercitando il suo potere non di opprimere ma di liberare.

Al suo centro, questo concetto riconosce la lotta di classe intrinseca che permea la società sotto il capitalismo. Marx ed Engels hanno illuminato come la borghesia, la classe capitalista, abbia storicamente esercitato un'influenza sui mezzi di produzione, sulla ricchezza e sull'influenza politica. La classe operaia, il proletariato, era relegato ai margini, sottoposto allo sfruttamento e privato della sua giusta partecipazione ai frutti del suo lavoro.

La dittatura del proletariato sorge quando la classe operaia, con il suo potere collettivo, si solleva contro queste catene oppressive. È un momento di profondo significato storico, in cui il proletariato prende il controllo dell'apparato statale. Ma questo non è un atto di tirannia. È, infatti, un mezzo per raggiungere un fine – un modo per smantellare i meccanismi dell'oppressione capitalista.

Durante questa fase di transizione, il proletariato utilizza l'apparato statale per sopprimere la borghesia e i suoi tentativi di sovvertire la rivoluzione. È essenziale riconoscere che questa repressione non è un desiderio di vendetta, ma una necessità per salvaguardare le conquiste fatte dalla classe operaia. La borghesia, sempre piena di risorse, cercherebbe di riconquistare il suo precedente dominio se ne avesse la possibilità. Così, lo Stato, ora sotto il controllo del proletariato, funge da scudo contro le sue ambizioni controrivoluzionarie.

Tuttavia, non perdiamo di vista l'obiettivo finale. La dittatura del proletariato non è un fine in sé, ma un mezzo per raggiungere un fine. Apre la strada alla costruzione di un'economia socialista, costruita sui principi di equità, cooperazione e proprietà collettiva dei mezzi di produzione. È una società in cui i frutti del lavoro sono condivisi da tutti, dove la ricchezza generata avvantaggia i molti piuttosto che i pochi.

Inoltre, la dittatura del proletariato non è che una fase di transizione, un ponte dalle catene del capitalismo alle rive radiose di una società senza classi. Marx immaginava un mondo in cui lo Stato, una volta raggiunto il suo scopo di salvaguardare la rivoluzione, sarebbe gradualmente scomparso. Questo scomparsa significa l'alba di una società in cui le distinzioni di classe, lo sfruttamento e l'oppressione sono consegnati agli annali della storia.

Quindi, la dittatura del proletariato, anche se spesso fraintesa, è un concetto intriso di ricerca della giustizia e della liberazione umana. Simboleggia la lotta epocale della classe operaia per liberarsi dalle catene dello sfruttamento e creare un mondo in cui ogni individuo possa prosperare. È un capitolo della storia in cui gli oppressi si alzano per tracciare il loro destino, forgiando un percorso verso un futuro più luminoso ed equo.

Comprendendo questi concetti fondamentali, possiamo ottenere una visione più profonda delle idee fondamentali della teoria marxista e delle loro implicazioni per la società e la politica. In tutto il libro, esploriamo questi concetti in modo più approfondito ed esaminiamo la loro applicazione in diversi contesti, sia storici che contemporanei. Attraverso la nostra esplorazione di questi concetti, acquisiremo una comprensione più sfumata del potenziale di cambiamento rivoluzionario e delle sfide che sorgono nel tentativo di realizzare una società socialista.

IV. Variazioni del pensiero marxista

Come abbiamo visto, la teoria marxista fornisce un potente quadro per comprendere la società e per individuare il potenziale di un cambiamento rivoluzionario. Tuttavia, la teoria marxista si è anche evoluta e sviluppata in modi diversi nel corso del tempo, portando a una varietà di diverse scuole di pensiero all'interno della tradizione marxista. In questo capitolo, esploreremo alcune delle varianti importanti del pensiero marxista, tra cui il leninismo, il maoismo e il trotskismo.

Introduzione alle diverse scuole di pensiero marxista, tra cui leninismo, maoismo e trotskismo

Il leninismo, che prende il nome dal leader rivoluzionario russo Vladimir Lenin, che guidò la rivoluzione bolscevica in Russia nel 1917, è una variante della teoria marxista che sottolinea la necessità di un partito d'avanguardia per guidare la lotta rivoluzionaria. Lenin sosteneva che la classe operaia da sola non era in grado di realizzare una rivoluzione vittoriosa e che un partito d'avanguardia composto dai lavoratori politicamente più avanzati e impegnati era necessario per guidare la lotta. Il leninismo sottolinea anche l'importanza dell'imperialismo e delle lotte di liberazione nazionale, così come la necessità di un'economia pianificata e lo sviluppo della coscienza socialista tra la classe operaia.

Il maoismo, che prende il nome dal leader rivoluzionario cinese Mao Zedong, è un'altra variante della teoria marxista che enfatizza il ruolo dei movimenti rivoluzionari contadini. Mao sosteneva che nei paesi sottosviluppati come la Cina, i contadini, piuttosto che la classe operaia, erano la forza motrice rivoluzionaria. Il maoismo sottolinea anche l'importanza della mobilitazione di massa e della lotta popolare, così come la necessità di una lotta rivoluzionaria in corso e dello sviluppo di una cultura rivoluzionaria. Il maoismo sottolinea anche l'importanza della rivoluzione culturale e della mobilitazione di massa come mezzo per raggiungere la trasformazione socialista.

Il trotskismo, che prende il nome dal leader rivoluzionario russo Leon Trotsky, una figura centrale della rivoluzione russa che in seguito ruppe con Stalin e il Partito Comunista, è una variante della teoria marxista che sottolinea la necessità dell'internazionalismo e della rivoluzione permanente. Trotsky sosteneva che la classe operaia poteva raggiungere il socialismo solo su scala globale e che le rivoluzioni nazionali non erano sufficienti per raggiungere questo obiettivo. Il trotskismo sottolinea anche la necessità di un partito d'avanguardia, così come l'importanza del controllo democratico e della responsabilità all'interno del movimento socialista.

Differenze fondamentali tra queste variazioni del pensiero marxista

Mentre queste variazioni del pensiero marxista condividono alcuni punti in comune, come la loro enfasi sul potenziale rivoluzionario della classe operaia, differiscono anche in modi significativi. Il leninismo e il maoismo, ad esempio, pongono una forte enfasi sull'importanza di un partito d'avanguardia, che funge da forza guida del movimento rivoluzionario, e sul ruolo dello Stato nella transizione al socialismo. Al contrario, il trotskismo enfatizza la necessità di diritti e libertà democratiche e rifiuta la nozione di un partito d'avanguardia come una struttura elitaria che potrebbe potenzialmente sopprimere la classe operaia. Inoltre, il trotskismo sottolinea anche la natura internazionale della rivoluzione socialista, mentre il maoismo sottolinea l'importanza della rivoluzione culturale e ideologica oltre alla rivoluzione economica. Nonostante queste differenze, tutte queste scuole di pensiero sono unite dal loro impegno per l'obiettivo di stabilire una società socialista e dalla loro critica del capitalismo come sistema intrinsecamente sfruttatore. Esaminando queste variazioni del pensiero marxista, possiamo ottenere una migliore comprensione della diversità della teoria marxista e dei dibattiti in corso all'interno della tradizione marxista.

Dibattiti all'interno della teoria marxista e loro significato

Come abbiamo visto in questo libro, la teoria marxista non è una dottrina monolitica e unificata, ma piuttosto una tradizione diversificata e in evoluzione che ha subito numerosi dibattiti e disaccordi. Questi dibattiti si sono spesso incentrati su questioni come il ruolo dello stato, la natura della transizione socialista e il rapporto tra classe e altre categorie sociali come il genere e la razza.

Un dibattito importante all'interno della teoria marxista è la tensione tra riformismo e rivoluzione. Alcuni teorici marxisti hanno sostenuto un approccio più graduale al cambiamento sociale, sostenendo riforme all'interno del sistema capitalista esistente che possono migliorare le condizioni della classe operaia. Altri, tuttavia, sostengono che solo un rovesciamento rivoluzionario del sistema capitalista può portare a una vera trasformazione socialista.

Un altro dibattito importante è la questione del rapporto tra la base economica della società e la sua sovrastruttura. Mentre alcuni teorici marxisti hanno sottolineato il primato delle forze economiche nel plasmare la società, altri hanno sostenuto che anche i fattori culturali e ideologici svolgono un ruolo significativo.

Questi dibattiti all'interno della teoria marxista non sono semplici esercizi intellettuali astratti, ma hanno implicazioni pratiche significative per la pratica sociale e politica. Comprendere questi dibattiti e le diverse posizioni al loro interno può aiutarci ad apprezzare la complessità e la ricchezza della teoria marxista e a impegnarci in discussioni più informate e sfumate sulla sua rilevanza e significato nel mondo contemporaneo.

V. Il marxismo nella pratica

Panoramica dei movimenti e delle rivoluzioni marxiste nel corso della storia

I movimenti e le rivoluzioni marxiste sono stati una caratteristica importante della storia moderna. Il potenziale rivoluzionario della teoria marxista ha ispirato movimenti sociali e politici in tutto il mondo, dalla rivoluzione bolscevica in Russia alla rivoluzione cubana in America Latina.

Uno dei primi movimenti marxisti fu il Partito Operaio Socialdemocratico Russo (RSDLP), fondato nel 1898. Il RSDLP fu poi diviso in due fazioni: i bolscevichi e i menscevichi. I bolscevichi, guidati da Vladimir Lenin, alla fine riuscirono a guidare la Rivoluzione d'Ottobre del 1917, che stabilì il primo stato marxista del mondo.

Il successo dei bolscevichi ispirò altri movimenti marxisti e rivoluzioni in tutto il mondo, tra cui il Partito Comunista Cinese guidato da Mao Zedong, la rivoluzione cubana guidata da Fidel Castro e la rivoluzione vietnamita guidata da Ho Chi Minh. Questi movimenti erano spesso caratterizzati dalla lotta contro l'imperialismo, dal rovesciamento dei regimi capitalisti o feudali e dalla creazione di stati socialisti o comunisti.

Tuttavia, i movimenti e le rivoluzioni marxiste hanno anche affrontato numerose sfide e battute d'arresto nel corso della storia. L'ascesa dello stalinismo e la soppressione dei movimenti socialisti in altri paesi da parte dell'Unione Sovietica portarono alla disillusione di molti marxisti. Inoltre, il fallimento degli stati socialisti nel raggiungere la prosperità economica e la libertà politica ha portato a critiche alla teoria e alla pratica marxista.

Nonostante queste sfide, la teoria e i movimenti marxisti continuano a ispirare e influenzare i movimenti politici e sociali in tutto il mondo. Le lotte in corso per la giustizia sociale ed economica sono profondamente radicate nei principi marxisti e l'eredità dei movimenti e delle rivoluzioni marxiste continua a plasmare la politica e l'attivismo contemporanei.

Il Partito Comunista Italiano (PCI): un percorso unico nel comunismo europeo

La storia del comunismo in Europa è un arazzo intessuto con fili diversi, ogni partito contribuisce con la sua ombra distinta alla grande narrazione. Tra questi, il Partito Comunista Italiano (PCI), o Partito Comunista Italiano, occupa un posto unico. Facciamo un po' di luce sul caso particolare che è il PCI tra i partiti comunisti europei.

Una prospettiva storica

La storia del PCI è una testimonianza del complesso panorama socio-politico dell'Italia. Fondato nel 1921, emerse dal tumultuoso periodo successivo alla prima guerra mondiale, quando il fervore rivoluzionario si stava diffondendo in tutta Europa. A differenza di altri partiti comunisti in Europa, la formazione del PCI non fu una conseguenza diretta della rivoluzione bolscevica in Russia, ma fu, in parte, una risposta allo sconvolgimento sociale in Italia.

L'influenza gramsciana: l'eredità intellettuale del PCI è stata profondamente plasmata dal brillante pensatore marxista Antonio Gramsci. Il suo concetto di egemonia culturale, l'idea che le classi dominanti mantengano il potere attraverso istituzioni e valori culturali, ha avuto una profonda influenza sull'approccio del PCI alla politica. Il partito si è concentrato sull'aspetto culturale della lotta accanto a quello economico, sottolineando la necessità di costruire una contro-egemonia attraverso l'educazione e la società civile.

Eurocomunismo: Durante gli anni 1970 e 1980, il PCI ha svolto un ruolo fondamentale nello sviluppo dell'eurocomunismo, un ceppo distinto di comunismo che ha cercato di prendere le distanze dal modello dell'Unione Sovietica. Il PCI mirava a costruire un percorso italiano unico verso il socialismo, enfatizzando la democrazia, il pluralismo e l'autonomia da Mosca. Questo approccio distingueva il PCI dagli altri partiti comunisti europei che erano più allineati con l'URSS.

Alla fine degli anni 1970, il PCI propose il "Compromesso storico", un'iniziativa volta a formare un governo di coalizione con i Democratici Cristiani. Questa mossa pragmatica ha segnalato la volontà del partito di partecipare al processo democratico e di lavorare nel quadro di un sistema capitalista per raggiungere obiettivi socialisti. Questo approccio era unico tra i partiti comunisti europei e sottolineava l'adattabilità del PCI allo specifico contesto politico italiano.

Sfide e trasformazioni

Il PCI affrontò diverse sfide durante la sua esistenza, tra cui il clima politico della Guerra

Fredda, i sentimenti anticomunisti e le divisioni interne. Nel 1991, con il crollo dell'Unione Sovietica, il PCI subì una significativa trasformazione. Si sciolse e cambiò nome in Partito Democratico della Sinistra (PDS), in seguito confluito nel Partito Democratico (PD), una forza politica di centro-sinistra in Italia. Questa transizione segnò la fine del PCI come partito comunista.

La storia del Partito Comunista Italiano è complessa e unica all'interno dell'arazzo del comunismo europeo. Plasmato da figure come Antonio Gramsci e influenzato dalle sfumature della politica italiana, il PCI ha tracciato un percorso distintivo caratterizzato da un impegno per la democrazia, l'eurocomunismo e la ricerca del socialismo attraverso il cambiamento culturale. Mentre il PCI alla fine si trasformò in un'entità politica diversa, la sua eredità rimane una testimonianza dell'adattabilità e del dinamismo dei movimenti comunisti in Europa. Comprendere il caso speciale del PCI arricchisce il nostro apprezzamento della diversità all'interno della più ampia tradizione comunista nel continente.

Comprendere i successi e i fallimenti dei movimenti marxisti in diversi contesti

Come abbiamo detto, la storia dei movimenti marxisti non è priva di controversie e battute d'arresto. Mentre alcuni movimenti marxisti hanno raggiunto il successo nella creazione di società socialiste, altri non sono riusciti a raggiungere i loro obiettivi o hanno portato a regimi autoritari. È essenziale esaminare criticamente questi successi e fallimenti per comprendere i punti di forza e di debolezza della teoria marxista nella pratica.

Il marxismo ha avuto un profondo impatto sulla politica e sulla società in tutto il mondo, e la sua influenza può essere vista in una vasta gamma di movimenti politici e rivoluzioni. Tuttavia, non tutti i movimenti marxisti hanno avuto successo nel raggiungere i loro obiettivi, ed è importante capire i fattori che hanno contribuito sia ai successi che ai fallimenti dei movimenti marxisti in diversi contesti.

Un fattore determinante del successo o del fallimento dei movimenti marxisti è il contesto storico e sociale in cui emergono. Ad esempio, il successo della rivoluzione bolscevica in Russia era dovuto in parte alle condizioni uniche della Russia in quel momento, incluso il suo governo debole e impopolare, una classe operaia ampia e organizzata e l'impatto della prima guerra mondiale. Al contrario, i tentativi di stabilire stati socialisti o comunisti in altri contesti, come Cina, Cuba e Venezuela, hanno affrontato sfide significative e non sempre hanno avuto successo nel raggiungere i loro obiettivi.

Un altro fattore importante nel successo o nel fallimento dei movimenti marxisti è l'efficacia della loro strategia e tattica politica. I movimenti marxisti che hanno avuto successo sono stati spesso in grado di mobilitare efficacemente la classe operaia e altri gruppi oppressi, costruire forti alleanze con altri movimenti progressisti e usare una varietà di tattiche per raggiungere i loro obiettivi. D'altra parte, i movimenti marxisti che hanno fallito spesso non sono stati in grado di organizzare e mobilitare efficacemente la loro base o hanno perseguito strategie inefficaci o controproducenti.

È anche importante considerare il ruolo di fattori esterni, come il sostegno o l'opposizione internazionale, nel successo o nel fallimento dei movimenti marxisti. Ad esempio, il successo della rivoluzione sandinista in Nicaragua fu dovuto in parte al sostegno di altri governi socialisti e progressisti in America Latina, mentre il fallimento del governo marxista in

Cile fu dovuto in parte all'opposizione degli Stati Uniti e di altre potenze occidentali.

Comprendendo i successi e i fallimenti dei movimenti marxisti in diversi contesti, possiamo ottenere un apprezzamento più profondo per le sfide e le complessità della politica socialista e comunista, così come la continua rilevanza della teoria marxista nel mondo di oggi.

La rilevanza contemporanea della teoria marxista nel mondo di oggi

La teoria marxista è rimasta rilevante nel mondo contemporaneo a causa della sua analisi critica del capitalismo e della disuguaglianza sociale ed economica che perpetua. Nel mondo di oggi, vediamo molte delle stesse contraddizioni e disuguaglianze che Marx ha identificato nel 19 ° secolo, tra cui l'aumento della disuguaglianza di reddito, le condizioni di lavoro di sfruttamento e il degrado ambientale derivante dalla produzione capitalista.

Inoltre, la teoria marxista fornisce un quadro per comprendere la natura sistemica di questi problemi e le loro cause profonde nella struttura della società capitalista. Mentre affrontiamo sfide urgenti come il cambiamento climatico, l'ascesa dell'autoritarismo di destra e le lotte in corso per la giustizia sociale, la teoria marxista offre una lente critica attraverso la quale possiamo analizzare e affrontare questi problemi.

Inoltre, la teoria marxista ha anche continuato a ispirare e informare movimenti politici e lotte in tutto il mondo, come il movimento zapatista in Messico, il Movimento dei lavoratori senza terra in Brasile e la lotta in corso per i diritti dei lavoratori e la giustizia economica. Questi movimenti hanno dimostrato la continua rilevanza e l'applicazione pratica della teoria marxista nei contesti contemporanei.

Pertanto, comprendere la teoria marxista e la sua rilevanza contemporanea è cruciale per chiunque cerchi di impegnarsi con le pressanti questioni sociali, economiche e politiche del nostro tempo.

Nonostante le sfide che i movimenti marxisti hanno affrontato, la rilevanza contemporanea della teoria marxista nel mondo di oggi non può essere negata. Mentre affrontiamo questioni come la disuguaglianza economica, il cambiamento climatico e la polarizzazione politica, la teoria marxista fornisce un quadro per comprendere le cause profonde di questi problemi e immaginare una società più giusta ed equa.

Inoltre, eventi recenti come la crisi finanziaria globale e la pandemia di COVID-19 hanno dimostrato la fragilità e l'instabilità del capitalismo, sollevando interrogativi sulla fattibilità dell'attuale sistema economico. In questo contesto, la teoria marxista offre una prospettiva alternativa su come organizzare la società e l'economia in modo più sostenibile ed equo.

In conclusione, studiando la storia dei movimenti marxisti ed esaminando i loro successi e fallimenti, possiamo ottenere una comprensione più profonda delle complessità del cambiamento politico e sociale. Inoltre, possiamo anche apprezzare la duratura rilevanza della teoria marxista nel mondo di oggi mentre affrontiamo le sfide del 21 ° secolo.

VI. Conclusione

In questo libro, abbiamo esplorato i concetti e le idee più importanti del marxismo, tra cui il materialismo storico, il materialismo dialettico, la lotta di classe e l'analisi del capitalismo. Abbiamo esaminato i contributi di figure centrali nella teoria marxista, come Karl Marx, Friedrich Engels, Vladimir Lenin, Mao Zedong e Leon Trotsky. Abbiamo anche analizzato le diverse declinazioni del pensiero marxista e il loro significato in diversi contesti.

Mentre concludiamo questo libro, è essenziale riflettere sul significato del marxismo e sulla sua attuale attualità. Il marxismo offre una potente critica della società capitalista e fornisce un quadro per comprendere le cause profonde della disuguaglianza economica e sociale. Offre anche una visione di una società più giusta ed equa basata sulla proprietà collettiva e sul controllo democratico dei mezzi di produzione.

Inoltre, mentre affrontiamo le sfide del XXI secolo, come il cambiamento climatico, la disuguaglianza economica e la polarizzazione politica, la teoria marxista fornisce una lente attraverso la quale possiamo analizzare questi problemi e immaginare soluzioni alternative.

Per gli studenti interessati a un'ulteriore esplorazione della teoria e della pratica marxista, ci sono molte risorse disponibili, tra cui riviste accademiche, libri e comunità online. È importante continuare a impegnarsi con la teoria marxista in modo critico e ponderato e considerare come le sue idee possono essere applicate in contesti pratici.

In conclusione, lo studio del marxismo è una componente cruciale della comprensione della società e della politica moderne. Esaminando i concetti e le idee fondamentali della teoria marxista, possiamo ottenere una comprensione più profonda delle complessità delle relazioni economiche e sociali e immaginare un futuro più giusto ed equo.

Libri dello stesso autore

Introduzione alla filosofia

"Maurizio Bisogno è una delle poche persone che conosco che hanno fatto della filosofia il loro impegno fondamentale per la vita. Per questo penso che sarebbe molto stimolante quando entrasse in contatto con i giovani studenti come insegnante, aumentando la loro motivazione per lo studio della filosofia e scambiando con loro un vero dialogo filosofico". Prof. Evandro Agazzi, Professore Emerito di Filosofia

Come capire la filosofia senza leggere migliaia di pagine — Un'introduzione rapida e intelligente. La filosofia è considerata difficile. A causa della sua durata di tempo: 2400 anni. A causa delle centinaia di autori. A causa di teorie difficili, per citare solo alcune ragioni comuni.

Tuttavia, il mondo occidentale è radicato nella filosofia. Gli antichi greci hanno iniziato un modo di pensare completamente nuovo e rivoluzionario. I miti furono sostituiti dall'osservazione e dalla ragione. Questi nuovi strumenti hanno offerto una nuova spiegazione della Natura, del mondo e del nostro posto al suo interno. Hanno fornito un metodo per comprendere la realtà. Questo libro ti guiderà attraverso l'origine della filosofia e i suoi sviluppi più importanti. La seconda parte di questo libro è dedicata alla filosofia in pratica: una serie di articoli per praticare la filosofia nella nostra vita quotidiana. Questo è il primo volume di una collana che intende iniziare il giovane studente ai grandi pensatori della nostra cultura offrendo allo stesso tempo un punto di partenza a tutti coloro che sono interessati alla Filosofia per la propria informazione e interesse culturale. "Stiamo

sulle spalle dei giganti" significa semplicemente
che devi conoscere quei giganti del mondo
occidentale, esplorare il loro pensiero e
arricchirti dei loro sogni, sforzi e del loro
pensiero. Qui vi sto offrendo una scala da
rivendicare sulle loro spalle! Per tutto il resto,
lo adorerai. Quindi, ordina qui la tua copia di
Introduzione alla filosofia!

*Filosofia Pratica in azione: dalla vita alle domande e
dalle domande alla vita: non andare all'estero, vai
dentro - Vitriolum* (In inglese)

Solo un nuovo libro?

Questo libro nasce dal non sapere. Nasce
dall'essere stanco del mio lavoro, dal bisogno
di dormire e da una notte buia. Quando ti
svegli triste e senti che c'è un oceano di
tristezza intorno a te, scrivere sembra l'unica
opzione. Questo libro parte da domande molto

pratiche e da quelle interpretazioni che ci
portano ad agire e sentirci meglio. Perché,
quando impari a vedere il mondo sottosopra,
stai anche allargando il tuo orizzonte. Questo
libro si inoltra nell'illusione, la attraversa per
afferrare l'obiettività. Siediti e goditi, se puoi,
questo viaggio interiore.

L'assente

Questo libro si propone come educazione
sentimentale per quanti credono che crescere
possa essere un atto consapevole. Il libro si
inoltra profondamente nell'anima di Sigi, un
giovane alla ricerca di un'espressione personale
e creativa dei propri sentimenti, sviluppando
uno sguardo senza remore sulla vita interiore.
La prosa è lirica e intimista. "E' accaduto, è
proprio accaduto. L'ho detto e lei era lì ad
ascoltarmi; solo lei ad ascoltare e solo a lei
erano dirette quelle parole, molto poco

piacevoli ad udirsi ma, soprattutto, a dirsi. Eppure sono state dette. Qualcuno mi ha spinto ed io sono precipitato nel burrone; sotto di me si è aperto il baratro: un fiume di parole mi trascinava verso il fondo buio, mentre che avevo sperato di risalire verso la luce, seppure luce sulla morte, sì come della morte. E venne solo buio, oscurità angosciante dal fondo verso cui precipitavo. Non un appiglio a cui aggrapparmi, solo il vento veniva verso di me, fendendomi il volto in modo sempre più doloroso, fino a staccarmi la pelle di cui scorgevo brandelli andare contro il verso in cui io precipitavo."

La filosofia è la vita

Questa nuova edizione raccoglie in un volume unico tutta la serie de "La Filosofia è la Vita". 342 pagine di insight sui vari aspetti del vivere e del percorso umano.

ERA LENIN: Il centenario di un rivoluzionario

Il 21 gennaio 2024 ricorre il centenario della morte di Vladimir Lenin, una data che ha un significato immenso nella storia dell'Unione Sovietica e del mondo. Lenin, l'architetto della Rivoluzione d'Ottobre e la prima gestione del nuovo stato russo, ha lasciato un segno indelebile sul corso della storia. Mentre commemoriamo questa pietra miliare, è essenziale riflettere sul ruolo di Lenin nel plasmare la nascita dell'URSS, la sua visione rivoluzionaria e i successivi sviluppi che si sono svolti negli anni che seguirono.

NEO-TECH, una brevissima introduzione

Neo-Tech è un sistema filosofico che combina elementi di oggettivismo, individualismo ed egoismo razionale. È stato sviluppato da Frank R. Wallace, che ha fondato la Neo-Tech

Publishing Company. La filosofia è principalmente delineata nella sua serie di libri, "Neo-Tech Discovery".

La filosofia Neo-Tech enfatizza l'integrazione di ragione, logica e onestà al fine di raggiungere il successo personale e professionale. Incoraggia gli individui a pensare in modo indipendente, mettere in discussione l'autorità e perseguire i propri interessi personali senza violare i diritti degli altri.

TELEPATIA EMOTIVA: Il legame oscuro tra stato d'animo e pensieri negativi

Il fenomeno della comunicazione telepatica rappresenta un'interessante e complessa forma di comunicazione che avviene tra individui che sono in sintonia sullo stesso livello di coscienza. Quando la telepatia si manifesta in modo positivo, in un contesto di volontà reciproca e rispetto dei desideri dell'altro, può portare a una connessione profonda e significativa.

È fondamentale prestare attenzione ai propri pensieri e alle proprie emozioni, in quanto possono essere influenzati da comunicazioni telepatiche indesiderate. Se si nota una rapida e inaspettata variazione di umore, un improvviso cambiamento di atteggiamento verso gli altri o verso la vita in generale, potrebbe essere un segno di bombardamento telepatico. Anche la grafia può fornire indizi, poiché i cambiamenti significativi nella calligrafia possono riflettere gli effetti di tale comunicazione.

La filosofia di Karl Marx: cambiare il mondo e la filosofia

« I filosofi hanno solo interpretato il mondo in modi diversi; si tratta però di mutarlo. » Quindi, aggiungiamo noi, tale è la svolta irreversibile che Marx introduce nella filosofia: essa deve prolungarsi nell'azione o tacere. Perché parlare della filosofia di Marx e non semplicemente di marxismo? Perché Marx ha rivoluzionato la filosofia prima che le condizioni storiche fossero mature per l'adozione della sua spinta trasformatrice del mondo. Questa affermazione va messa in relazione con la filosofia di Hegel di cui Marx rappresenta il capovolgimento. La realtà è quella materiale, sociale ed economica. La

coscienza è condizionata dalla situazione
materiale: il contesto, l'essere influenza
direttamente la coscienza e quest'ultima ne è in
parte il riflesso. Esistono relazioni costanti e
reciproche tra l'essere e la coscienza.

Il piccolo libro d'oro: il potere della conoscenza

La verità esiste indipendentemente dal fatto
che tu ci creda o no. Il potere della Conoscenza
risiede nella sua Verità. L'opinione è come una
moneta. La verità è oro puro.

Non ho intenzione di nasconderla. Eccola.

La filosofia di Seneca: Scritti brevi

La filosofia ... educa e forma l'animo, regola la
vita, governa le azioni, mostra ciò che si deve o
non si deve fare, siede al timone e dirige la
rotta attraverso i pericoli di un mare agitato...
in ogni momento si presentano innumerevoli

circostanze che esigono una direttiva, e questa
bisogna cercarla nella filosofia. Seneca, Lettere
a Lucilio.

Non ha importanza se fai coricare un ammalato
su un letto di legno o d'oro: dovunque tu lo
trasporti, porterà con sé la sua malattia; così
non fa differenza se un animo infermo si trova
nella ricchezza o nella povertà: il suo male lo
segue. Seneca, Lettere a Lucilio.